# Base de PNL Interpersonnelle

## Christophe Pank

« *L'homme a besoin de l'autre pour vivre. Il apprend à parler, jamais à communiquer avec cet autre* »

# Table des matières

Du même Auteur Chez HnO Edition

1/ *Initiation à l'Hypnose Classique Curative (Oct-2012)*
2/ *Méthode d'Auto* Hypnose (Nov-2012)
3/ *Hypnose et Régressions (Janv-2013)*
4/ *Initiation à l'Hypnose Urbaine (Dec-2012)*
5/*L'ésotérisme décrypté par l'Hypnose (Avr-2013)*
6/ *Hypnose avec les Enfants (Mai-2013)*
7/ *Mieux éduquer ses enfants grâce aux outils de l'Hypnose (Juin-2013)*
8/ *CrossTherapy (Oct-2013)*
9/ *Mes Premiers pas sur la loi d'attraction (2013)*
10/ *Hypnose H-Ultra Ou Hypnose Profonde (Nov-2013)*
11/ *Laboratoire Hypnose Volume 1 (Oct-2013)*
12/ *CT Energetics : Magnétisme et Transes (Janv-2014)*
13/ *Chercheur sur la Loi d'Attraction (Janv-2014)*
14/ *Hypnose et Hypnosophie (Avr-2014)*
15/ *Apprendre le système TPA (Mai-2014)*
16/ *Hypnose et Posture du Praticien (Juil-2014)*
17/ *Hypnose et la Pre-test Therapie (Oct-2014)*
18/ *Base de PNL Interpersonnelle (Nov-2014)*
19/ *Base de la PnL Coaching (Fev-2015)*
20/ *Périple d'un Praticien d'Hypnose contre le Cancer (Fev-2015)*
21/ *Manuel de Formation à l'Auto Amour (Avr-2015)*
22/ *Hypnose et Douleur (Juil-2015)*
23/ *Cette Hypnose Ascendante nommée Hyperempiria (Sept-2015)*
24/ *Hypnose Elmanienne (Nov-2015)*
25/ *Questiosophie (Fev-2016)*
26/ *Crépuscule de l'Hypnose (Avril-2016)*

*27/ Pouvoir Limité (Mai-2016)*
*28/ Hypnose Spirituelle (Août-2016)*
*29/ Hypnose Invisible (Oct-2016)*
*30/ Hypnose et Anneau gastrique hypnotique (Janv-2017)*

# Introduction

La PNL est une discipline connue et reconnue dans le monde du coaching et de la thérapie.

Bandler et Grinder, ses auteurs, ont souhaité mettre en place un système basé sur la modélisation. Aujourd'hui de nombreux ouvrages existent à ce sujet.

Au travers de ce livre je souhaite partager ma vision de cette merveilleuse discipline qu'est la Programmation Neuro Linguistique. Je vais dans un premier temps vous faire découvrir ce que je nomme la PNL interpersonnelle, et dans un second temps partager ce que je nomme la PNL coaching.

Dans ma définition de cette discipline j'estime que cet outil permet de mieux communiquer avec les autres et avec soi-même. Dans un monde d'informations, il est de plus en plus difficile de faire passer nos idées et surtout de les faire comprendre par nos interlocuteurs. Nous avons la chance avec Internet, les téléphones et les ordinateurs de pouvoir offrir à ce monde de croyances, nos pensées, nos opinions.

Cependant, dans ce monde qui est de plus en plus ouvert, nous nous rendons compte que très souvent nous ne sommes pas capables de faire passer notre perception des choses.

La PNL est un outil merveilleux qui permet d'optimiser cette capacité humaine à communiquer. Dans cet ouvrage nous verrons différentes techniques que vous pourrez aborder facilement et que je vous conseille de mettre en pratique après la lecture.

N'attendez pas de passer à l'exercice suivant pour tester, la PNL est un outil de vie, que vous pouvez utiliser dans votre quotidien, avec les vôtres, avec vos collègues et vos amis. Il me semble important de bien comprendre que c'est une méthode active. Si vous rationalisez, intellectualisez cette technique, vous risquez de perdre la substance et l'intérêt de cet outil.

Je vous présenterai un maximum d'éléments pour que vous puissiez améliorer votre quotidien, améliorer votre façon de percevoir ce monde, vous offrir une alternative à votre façon de fonctionner actuelle.

Bienvenue dans un monde nouveau, dans votre Nouveau Monde celui que vous allez découvrir et cette facette qui va s'exprimer pleinement.

# Chapitre 1 : La communication a un objectif

Dans cette première partie, nous allons étudier la PNL interpersonnelle. Cette facette de la PNL est très simple. Elle nous permet d'entrer en contact avec d'autres personnes et de faire passer nos idées, de faire passer nos croyances.

Comme pré-requis, nous allons garder en tête que toute communication a un objectif. Même s'il peut paraître un peu difficile de croire que nous communiquons toujours avec un objectif en tête, je souhaite que vous preniez le temps de réaliser pour quelles raisons vous entrez en contact avec d'autres individus.

En effet, il est très rare de prendre contact avec autrui sans avoir la moindre idée de ce que l'on attend. Il se peut que ce soit simplement pour passer du bon temps, prendre des nouvelles, partager un événement de vie, ou simplement laisser les minutes s'égrener ensemble.

Cependant si vous observez rapidement ces différents éléments, vous vous rendrez compte que c'est déjà un objectif inconscient que de vouloir passer un bon moment avec autrui.

En effet, si vous preniez l'exemple d'une soirée dans laquelle vous avez prévu de vous amuser, de partager des plaisirs avec des amis et que cette dernière se termine mal, vous n'allez pas être mécontent parce que l'attente n'aura pas obtenu satisfaction.

Je vais donc vous demander dans un premier temps, de penser à tous les objectifs que vous mettez inconsciemment en place lors de vos diverses rencontres journalières. Vous pouvez facilement le faire à la maison, avec vos amis, au travail ou même dans le sport.

Prenez tous les jours, à chaque occasion possible, le temps de vous demander ce que vous attendez de la rencontre, de l'échange que vous mettez en place avec les autres.

Il est possible que vous ne parveniez pas dans un premier temps à savoir exactement ce que vous avez en tête.

Je sais que Christine, par exemple, me faisait remarquer qu'elle n'était pas tout à fait d'accord avec cette idée là. En effet, pour elle, nous faisons de nombreuses actions avec les autres, sans intention particulière. En effet, dans un premier temps nous pourrions nous dire que tout ce que nous mettons en place est innocent.

Quand je parle d'innocence, je pense même à l'idée d'enfant intérieur. Cependant même un enfant dans sa manière de communiquer, dans sa manière de s'approcher, dans sa manière de demander ou simplement par sa présence attend quelque chose de particulier de l'adulte.

Nous allons reprendre un élément typique de la PNL qui d'ailleurs vient de la linguistique. Il est impossible de ne pas communiquer.

Testons cela, nous allons faire un exercice :

Prenez un de vos amis et pendant trois minutes vous allez vous mettre en face de lui et vous n'allez dire aucun mot. Vous ne laissez sortir aucun verbe de votre bouche. Vous allez l'observer, voir comment lui va vous observer.

Vous allez vous rendre compte au bout de ces trois minutes, que vous êtes passé par de nombreuses émotions, vous avez fait de nombreux gestes et qu'un rapport de communication s'est créé entre vous deux.

Maintenant que vous avez pu remarquer qu'il est automatique chez l'être humain de faire passer des messages, que ce soit physiquement ou par les mots, nous allons garder en tête que nous communiquons avec une intention.

Cette intention nous pouvons la définir comme l'attente de résultats de notre communication. Nous pouvons chercher à faire passer une idée, partager une opinion, attendre des arguments, passer un bon moment, découvrir quelque chose, et de toute façon faire en sorte que ceci nous apportera un retour, un résultat même le plus infime possible. Il faut savoir que très souvent le principe d'objectif fonctionne avec des règles précises.

Ces règles sont émises dans la thérapie de façon générale. Cependant dans la PNL nous pouvons facilement reprendre ces règles. L'outil que je vais vous proposer se nomme : **PREM.**

**P** : il faut que l'objectif soit **Précis**. Dans la communication nous devons chercher à faire passer ou à orienter nos idées de la façon la plus claire possible, qu'elles soient assimilables potentiellement par notre partenaire, la précision de sa sémantique sera un point essentiel.

- **R** : Il faut que l'objectif soit **Réaliste**. Si vous avez l'intention de parler avec différentes personnes pour proposer des choses fantasques et non adaptées à la situation, vous risquez d'avoir des retours désagréables, voire contraignants.

- **E** : Il faut que l'objectif soit **Ecologique**. En effet vous ne pouvez pas communiquer ou parler de tout avec n'importe qui. Votre objectif, en fonction des rapports que vous avez avec votre partenaire, devra s'adapter au système dans lequel vous allez évoluer. Dans une communication nous pouvons garder en tête le principe suivant : on peut rire de tout mais pas avec n'importe qui.

- **M** : il faut que l'objectif soit **Mesurable**. Il est important, lorsque nous mettons en place une communication, de pouvoir jauger si nous avons atteint correctement l'objectif et de savoir quand nous avons atteint cet objectif-là.

Parfois nous allons atteindre rapidement l'objectif et nous allons avoir une forme de surplus ou, sans nous en rendre compte, créer un nouvel objectif dans notre communication avec le partenaire.
Il est évident que lors de vos communications, vous n'allez pas constamment penser à ce principe-là.

Cependant il est intéressant d'observer, de voir là où vous en êtes, et de bien comprendre que vous allez utiliser un outil dans un objectif interpersonnel, afin de constater les résultats que vous pourriez obtenir.

Il est important que vous gardiez cette idée en tête, comme un jeu. Toutes les techniques que je vais vous proposer, sont comme des jeux à mettre en place dans votre quotidien. Alors cela vous fait déjà un objectif, celui de prendre la communication comme un jeu.

Un autre aspect essentiel à la PNL c'est qu'il n'y a aucun échec, il n'y a que des retours d'expérience. Je trouve que c'est une philosophie extrêmement importante et sage.

En effet, dans les jeux que vous allez mettre en place vous n'allez pas rencontrer de ratés, mais seulement des façons de faire ou de ne pas faire les expériences.

Maintenant que vous avez bien cette idée en tête, que les communications que vous allez mettre en place ont un objectif, nous allons passer à la façon d'aborder les groupes.

# Chapitre 2 : Aborder les groupes

En fonction de l'environnement dans lequel vous allez évoluer et dans lequel vous souhaitez communiquer, vous allez devoir entrer en contact avec différentes personnes.

Si vous êtes en entreprise, si vous êtes avec des amis, ou avec la famille, vous n'allez pas créer les mêmes liens, vous n'allez pas aborder chaque situation de la même façon. En effet, vous allez devoir créer un cadre qui vous sera propice pour proposer la communication dans le sens que vous souhaitez.

Ce cadre sera lié à votre capacité d'adaptation. Vous allez devoir, à chaque instant, à chaque environnement, être capable de mettre un masque. Mais n'ayez crainte, depuis votre naissance vous vous êtes habitué à mettre des masques. Quand vous allez aborder un groupe, il est clair que votre façon de vous comporter, votre façon de communiquer aura un impact sur vos interlocuteurs.

Un des premiers principes qui est connu, c'est le contact visuel. En effet le contact visuel est un outil que de nombreuses personnes oublient.

Pour des raisons simples, parce que toute personne n'a pas forcément les mêmes canaux de perception. Nous y reviendrons plus tard, mais de manière générale, sachez que nous pouvons être davantage, visuel, auditif, kinesthésique, olfactif ou gustatif. Le contact visuel est donc, par nature, une habitude que mettent en place les visuels. Seulement, dans le monde dans lequel nous vivons, les apparences ont un rôle majeur.

C'est d'ailleurs pour cette raison que la plupart du temps, lors des entretiens l'un des facteurs déterminants pour certains recruteurs, reste la façon de se tenir et de s'habiller du candidat. Là encore ne restez pas focaliser sur cette idée d'apparence, grâce à la PNL vous allez vous rendre compte que d'autres facteurs, bien plus importants, vont pouvoir entrer en jeu.

Ce contact est en réalité ce que l'on nomme une rupture de pattern.

Un pattern est un schéma automatisé de l'esprit qui déroule une séquence inconsciente. Lorsque nous arrivons dans un groupe, à un entretien, ou simplement lors d'une rencontre, nous y allons avec un objectif comme nous avons pu le voir précédemment.

Que ce soit dans la salle d'attente ou avant de rencontrer nos partenaires, la vie fait son chemin habituel. Le contact entre les deux 'mondes' va mettre fin à une séquence et ouvrir un nouveau film commun.

C'est à partir de là que cette fin programmée devient un élément déterminant dans le rapport que nous mettons en place.

Le premier des deux qui prendra contact avec l'autre sera dans une phase de lead. C'est-à-dire qu'il va mener la communication en tout cas dans les premiers instants.

Cela permet également de marquer inconsciemment son territoire dans le cas d'un groupe.

L'élément suivant va être la poignée de main. En effet, dans le contexte professionnel, régulièrement en France, nous avons pour habitude de serrer la main de nos interlocuteurs. Dans le cadre plus amical nous pouvons faire la bise à la gente féminine.

Que ce soit la poignée de main ou la bise, c'est une autre façon d'inviter nos partenaires dans un rythme en l'occurrence le nôtre.

Si vous avez manqué le contact visuel et que votre partenaire a pris le lead au travers de cet outil, la poignée de main est une autre façon de reprendre de manière éphémère ce lead.

Vous pouvez vous demander quel est l'intérêt de prendre le lead quand nous sommes dans le cadre amical.

Très honnêtement il n'y en a pas particulièrement. Pourtant, dans le cadre de l'échange professionnel, ou dans l'idée que vous avez votre objectif à atteindre, prendre le lead vous permet de mettre vos partenaires dans un état plus ouvert, plus réceptif à vos idées, à votre personne.

Le contact visuel et le contact physique offrent une première ouverture possible avec nos interlocuteurs. Notre communication a déjà démarré. Pourtant, comme nous l'avons vu précédemment, cette communication a un objectif.

Certains pratiquants de PNL, pensent même qu'il faut devenir l'alpha du groupe.

L'alpha est la personne 'dominante' du groupe. De mon point de vue, ce n'est pas une nécessité.

En effet, dans le cadre de l'entreprise, ou d'une rencontre, il est possible que vous mettiez mal à l'aise les personnes qui vous entourent.

Cependant, le capital sympathie est très important dans la communication, nous le verrons plus tard comme étant un levier d'influence que tout le monde utilise et qui est particulièrement apprécié. Gardez donc en tête que vous pouvez proposer, imposer votre rythme à un groupe, à un interlocuteur grâce à votre regard et grâce à votre premier contact physique.

En lisant les quelques lignes qui précèdent, vous devez vous dire que la PNL est vraiment un art de manipulation.

J'ai sciemment débuté ce livre de PNL dans cette direction afin de vous montrer ce que classiquement les auteurs aiment mettre en avant avec cet outil. Avouons-le, c'est vendeur, l'art de la manipulation pour obtenir ce dont nous rêvons.

Pour ma part, je ne suis absolument pas d'accord avec cette façon d'utiliser la PNL. J'ai eu la chance d'être ingénieur d'affaires et j'ai pu tester, voir, observer dans le monde du travail ce que cela pouvait apporter.

J'ai eu de nombreux échecs et aussi de belles réussites et j'ai pu étudier l'aspect Win/lose avec mes différents partenaires.

Aujourd'hui, la PNL est souvent mise en avant comme étant un outil de manipulation. Et je trouve ça très dommage, car je pense sincèrement que c'est un outil merveilleux pour mieux communiquer. Pour communiquer avec plus de clairvoyance, d'honnêteté, pour mieux faire passer ses idées, pour se permettre d'être plus facilement soi.

Je pars du principe qu'il est plus simple de devenir qui nous sommes au travers d'une communication claire, de pouvoir faire comprendre et admettre nos idées, même si nos interlocuteurs n'y adhéreront jamais, plutôt que d'imposer des croyances et des valeurs à autrui.

Dans les chapitres suivants, même si je parle de manipulation, d'influence, je souhaite que vous gardiez en tête que notre objectif est de créer une communication plus juste entre nous et les autres.

C'est un poil utopique, car automatiquement si nous communiquons mieux et que nous atteignons plus facilement nos objectifs, il y a de fortes chances que nous les utilisions pour gagner, peut-être à tout prix.

Or sur le temps, sur les mois, sur les années, vous vous rendrez compte que la communication en 'gagnant-gagnant' est bien plus positive que celle en 'gagnant-perdant'.

En effet nous allons plus facilement obtenir, sur les années, des choses vraies, bonnes, sincères pour nous, que ce soit dans le cadre privé ou dans le cadre professionnel, en gardant l'idée que lorsque nous atteignons nos objectifs, notre partenaire aussi va atteindre les siens, ou en tout cas s'en rapprocher.

# Chapitre 3 : Le Mirroring

Une fois que nous sommes entrés en contact avec nos partenaires, nous allons pouvoir entrer dans une facette plus technique de la PNL. La première étape bien connue en PNL se nomme le Mirroring.

Pour faire simple, le Mirroring est un outil qui permet de proposer au subconscient de notre partenaire un interlocuteur qui va lui ressembler.

Attention, très souvent dans un premier temps quand nous commençons à faire du Mirroring, nous singeons notre partenaire. Cela est normal et le mimétisme est naturel. Il y a quelques jours, je suis allé à une conférence d'un scientifique qui a découvert les neurones miroirs. Il expliquait parfaitement que l'une des premières façons de fonctionner, est d'apprendre et de modéliser les comportements.

Cela explique donc que naturellement, nous pouvons mimer les attitudes, la voix, les comportements de notre partenaire. Seulement il est parfois difficile, voire délicat de le faire sans que celui-ci ne s'en aperçoive.

Je vous propose un JEU :

Prenez un partenaire, que ce soit un ami, votre femme, votre mari, cela n'a pas d'importance. Précédemment, vous aviez fait un échange de communication sans mots.

Maintenant je vais vous proposer de faire une communication classique, vous pouvez parler de la pluie et du beau temps et l'un des deux va s'harmoniser à l'autre.

Cette façon de s'harmoniser est très simple vous allez, petit à petit, faire des gestes qui ressemblent à ceux que fait l'autre, si votre partenaire monte sa main dans les cheveux, vous pouvez monter la main en miroir vers votre nez.

Vous allez observer sa manière de fonctionner et vous allez répéter ces gestes de manière synchronisée, puis, petit à petit, vous allez faire la même chose avec sa sémantique, sa voix, son rythme.

Vous allez rapidement vous rendre compte que même si ce n'est qu'un jeu et que cela peut même agacer au départ, cela peut également créer un rapport bien spécifique.

Même si je ne suis pas un fan du Mirroring, il y a une chose qui va se passer. Cette chose se nomme la transe. La transe est un état dans lequel le conscient et le subconscient communiquent plus facilement.

En somme, à ce moment-là, à force de mimer, de faire comme l'autre, vous entrez dans son rythme.

Vous entrez dans une connexion plus profonde avec votre partenaire. Non pas parce que vous faites le singe, mais parce que son cerveau est en train de se rendre compte que vous lui ressemblez. Et si vous lui ressemblez, si vous avez des points communs avec lui, automatiquement il a la sensation de vous connaître.

Imaginez simplement une forteresse et les seules personnes qui peuvent y rentrer ont un T-shirt bleu. Si vous arrivez avec un T-shirt vert, personne n'ouvrira. Par contre si vous arrivez avec le T-shirt bleu, même si la forteresse ne s'ouvre pas tout de suite, peut-être qu'il va y avoir un mot de passe à donner, il y aura déjà une étape importante de passer. Il n'y aura pas de rejet direct. Il y aura simplement un pas qui vous rapproche de votre objectif : du subconscient votre partenaire.

Il est important de comprendre, que la PNL est un outil qui utilise les principes de l'hypnose.

En effet les fondateurs, Bandler et Grinder, ont mis en place ce système en observant et en modélisant des experts de la communication de leur époque.

Parmi eux se trouvait Milton Erickson, un psychiatre qui s'est spécialisé dans l'utilisation de l'hypnose. Il est d'ailleurs le père fondateur de l'hypnose moderne.

À mesure que les années se sont écoulées et que l'expérience de la PNL a été faite dans le monde de la thérapie et particulièrement dans le milieu du business, le mot hypnose est sorti de la sémantique de la  PNL.

Pourtant dans un livre qui se nomme transe-formation, les initiateurs de la PNL décrivaient précisément les façons de comprendre les différentes transes.

Le Mirroring qui se nomme également en français la synchronisation, fait partie de l'outil de base utilisé par Erickson. Comprenez bien que vous allez jouer sur une communication qui atteint des plans plus subtils que ce que nous avons l'habitude de rechercher.

Dialoguer avec le subconscient de notre partenaire ouvre une opportunité de sincérité, de compréhension plus vraie de ce qui est transmis comme message.

Commencez à vous habituer à cette synchronisation et vous vous rendrez compte que rapidement vous allez prendre le rythme de votre partenaire. Le plus étonnant c'est que vous allez vous y sentir particulièrement bien, même si initialement ce n'est pas votre manière de fonctionner.

La raison est simple, vous créez un rapport plus vrai et plus profond avec votre interlocuteur.

Avec les années, je me suis beaucoup interrogé sur la synchronisation. Même si c'est un critère particulièrement mis en avant dans la PNL, il y a une chose qui me dérange. En effet il est dit dans le monde de l'hypnose, que le subconscient est capable de tout observer, de tout voir et de tout comprendre. Je m'interroge dès lors sur le fait que si nous mettons consciemment notre intention dans le Mirroring, le subconscient de notre partenaire pourrait sentir, percevoir une forme d'illusion potentielle.

D'ailleurs vous observerez après quelques mois, ou peut-être quelques années d'utilisation de ce système, que très souvent une bonne poignée de main et un regard franc apportent un meilleur rapport que la technique même du Mirroring.

Je ne conteste pas le fait que la synchronisation fonctionne, je pose simplement la question de savoir s'il est réellement nécessaire d'aller dans une direction technique, alors que le plus simple est de parler ouvertement, de cœur à cœur, avec une intention juste de transmission du message, ou de l'information qui nous intéresse...

Nous allons voir, à partir du moment où nous avons mis en place ce Mirroring, ce qu'il est possible de faire pour continuer à nous diriger vers l'obtention de notre résultat au travers d'une communication qui se veut plus hypnotique, une communication de conscient vers le subconscient, voire, et vous le remarquerez dans votre pratique, de subconscient vers le subconscient.

# Chapitre 4 Le Pace et le Lead

Une fois que nous nous sommes synchronisés, nous allons entrer dans une forme de danse. Gardez toujours votre objectif en tête et sachez que votre partenaire va parfois donner le rythme et d'autres fois vous aller reprendre en main cet échange en restant dans la posture de gagnant-gagnant.

En effet il y a, dans un premier temps, le besoin de prendre le rythme de notre partenaire. En PNL nous nommons cela le PACE. C'est un élément déterminant dans le rapport que nous mettons en place et il sera particulièrement important d'apprendre à écouter.

Il est parfois délicat d'écouter. Nous sommes la plupart du temps centrés sur nous, sur nos problèmes, sur nos objectifs. Toutefois garder en tête notre objectif, ne signifie pas oublier l'autre. Je vous rappelle que nous avons mis en place un deal de gagner ensemble.

Apprendre à écouter c'est apprendre à accueillir. Dans le système actuel, il est difficile d'accueillir l'autre, ses idées et ses pensées. Or, pour réussir une bonne communication il va falloir s'intéresser réellement à l'autre.

Garder en tête que les sujets de communication les plus intéressants, restent ceux qui concernent notre propre personne. N'importe qui aime parler de lui, de ses projets, de ses envies, de ses opinions.

Dans cette phase de votre communication, votre écoute va permettre, d'une part, de prendre un grand nombre d'informations, de mieux comprendre votre partenaire, d'autre part, de mieux connaître ses motivations et ses besoins.

Très souvent dans le monde commercial et également dans le monde amical, nous avons, soit un objectif de vente d'un produit ou d'un outil, soit l'objectif de nous vendre. Seulement cette idée va limiter notre capacité d'écoute.

J'ai constaté que certains des contrats que je proposais, ont pu être signés facilement grâce à mon partenaire.

Je m'intéressais à son besoin dans un premier temps, à ses attentes et également aux différents critères auxquels il devait répondre par rapport à sa direction.

Dans cette phase d'écoute, dans cette prise de rythme, vous allez exploiter l'outil le plus extraordinaire que vous possédez naturellement. La QUESTION.

Vous allez être un enquêteur discret, découvrir les indices, observer le terrain, les protagonistes et synthétiser les informations, pour relancer de nouvelles questions.

Il est parfois dommage de se rendre compte que de nombreux pratiquants de PNL n'utilisent que très rarement la posture en Pace. En effet la plupart du temps, nous voyons un Mirroring succinct de la part des praticiens du système et ils cherchent rapidement à entrer dans une posture de lead.

Il y a dans la nature humaine une volonté inconsciente de dominer l'autre. Certains émettent même la théorie que tout rapport entraîne un dominant et un dominé. En connaissant les outils puissants que sont l'hypnose et la PNL, il est clair que nous pouvons orienter selon notre perspective des choses.

Cependant il faut se rendre compte que les meilleurs rapports humains, les meilleurs échanges, se font dans un rapport de partage. Ce fameux gagnant-gagnant dont nous avons déjà parlé.

Il est donc intéressant de nous pencher sur cette question de rythme du partenaire et de mettre de côté notre ego, même si dans un premier temps nous pourrions avoir l'impression de nous faire balader, de perdre le fil, peut-être même de nous écarter de l'objectif, vous vous rendrez compte rapidement que si vous maîtrisez cette base, grâce à l'outil du questionnement, vous allez obtenir davantage que si vous aviez pris le lead immédiatement.

Revenons donc sur le lead, maintenant que nous avons trouvé les bons pas avec notre partenaire dans cette danse de communication, nous allons pouvoir à n'importe quel moment reprendre le contrôle de la conversation.

Quand je parle de contrôle, il ne faut pas voir cela comme une prise de pouvoir, mais plutôt comme un chemin, pour orienter la direction que nous allons prendre à deux. Dans notre tête nous gardons notre objectif, mais nous commençons à saisir l'ensemble des variations possibles liées aux besoins et éventuellement aux valeurs de notre partenaire.

Le lead ne devra pas être gardé constamment, une des erreurs classiques est de vouloir prendre cette position et de ne plus lâcher les rênes. Nous avons la croyance que si nous menons, nous allons gagner. Seulement nous ne sommes pas dans une compétition avec un partenaire, nous ne sommes pas là pour battre l'autre. Nous sommes dans un rapport sémantique, d'intention qui inclut de nombreux paramètres qui doivent constamment s'adapter.

Et pour s'adapter, le plus simple est de retourner régulièrement dans notre phase de Pace.

Le plus étonnant est de nous rendre compte que lorsque nous passons d'un mouvement un autre, que nous guidons ou que nous nous laissions guider, nous créons ce que l'on nomme un fractionnement.

Le fractionnement est un outil en hypnose pour approfondir le partenaire. Pour faire simple et ne pas trop nous écarter de notre idée de la PNL, cela permet d'augmenter la transe partagée.

Voici l'exercice que je vous propose :

Avec votre partenaire vous allez simplement faire de la synchronisation sur un sujet que vous souhaitez partager.

Posez à minima cinq questions, écoutez bien les réponses, tout en gardant en tête votre objectif.

En fonction des réponses, vous allez réorienter vers le sujet qui vous intéresse.

Suscitez l'intérêt sur ce que vous avez en tête, en reprenant les différentes réponses qui vous ont été données.

Puis, écoutez les réactions de votre partenaire, ses réflexions, ses positions.

En aucun cas vous n'allez juger, vous pouvez même nourrir ses arguments, proposez une orientation commune, en posant de nouveau des questions.

Maintenant, observez comment vous vous êtes senti et comment votre partenaire s'est senti, écoutez et remarquez si vous avez pu également, petit à petit, l'orienter vers un résultat que vous attendiez dans l'échange.

# Chapitre 5 : Comprendre l'Autre

Maintenant que vous avez compris le principe de Mirroring et ce qu'il en suit, c'est-à-dire suivre le rythme et éventuellement prendre le lead, vous allez devoir continuer votre enquête de façon plus discrète. Votre attention et votre observation vont avoir un rôle déterminant dans une communication juste. C'est d'ailleurs grâce à ces petits plus, que nous nous rendons compte que la communication demande une véritable attention. Nous allons voir ce que la PNL nomme les canaux de perception.
Avant de commencer, je vous donne mon opinion sur ce sujet. Nous allons voir, qu'en fonction de la manière dont votre partenaire place ses yeux durant ses réponses, nous allons plus ou moins être capables de savoir sur quel canal, c'est-à-dire sur quel sens, il va exprimer sa perception. L'expérience montre que les différents aspects que nous allons voir, ne sont pas une réalité absolue.
D'ailleurs il y a des études scientifiques qui remettent totalement en cause ce principe. Néanmoins les années d'utilisation par des milliers de praticiens, donnent un retour plutôt positif et acceptable de cet outil.
Le principe du canal de communication est de savoir avec quel sens majeur votre partenaire communique avec vous. Il permet également de savoir si l'information est plutôt liée à l'imagination, le cerveau droit, ou plutôt liée à la logique, le cerveau gauche.
Reprenons donc la base. Nous avons différentes manières de communiquer avec un lexique, une perception, une description liée à nos cinq sens.
Le visuel, l'auditif, le kinesthésique, l'olfactif, le gustatif. Nous nommons ces différents sens des canaux et nous déterminons ces canaux par le terme VAKOG.

Pour faire simple, pensez que dès que votre partenaire va regarder, ou plutôt va placer ses yeux sur le côté gauche, il va plutôt tendre à aller chercher dans le cerveau logique, de la mémoire, dans le principe analytique de son être. Quand votre partenaire dirigera plutôt son regard vers la droite, il aura plutôt tendance à aller créer, construire une explication, une logique.

Attention, la grande erreur est de croire que toute personne qui regarde sur la droite est en train de mentir, ou d'inventer une explication.

Ce n'est pas aussi simple que ça, gardez simplement en tête que, sur cet aspect, sur ce point précis, il peut être allé construire, ou reconstruire une sensation qu'il a peut-être oubliée.

Maintenant je vais vous demander d'imaginer votre partenaire en face de vous. Faites encore plus simple, demandez à un ami ou à un membre de la famille de venir en face de vous dès que vous avez quelques minutes. Quand votre partenaire se tient devant vous, et qu'il regarde :

En haut à gauche, il est en train de chercher une information qu'il connaît dans sa mémoire. De manière générale il est en train de trouver une information dite 'visuelle', une image, une scène. Pour que vous puissiez le constater, demandez simplement à votre partenaire de se souvenir du plus beau paysage qu'il a vu dans sa vie. Il y a de fortes chances que ses yeux montent à gauche.

Si ses yeux restent au centre, tournés vers la gauche, il est en train de se souvenir, d'un son, d'une parole, d'une mélodie. Il fait appel à ses souvenirs auditifs, cela peut être une conversation, un murmure ou toute action qui stimule les oreilles.

Pour le plaisir, sachez qu'il existe deux types d'auditifs. Il y a l'auditif dit tonal, qui en fait fonctionne sur les rythmes.

Les personnes qui seront plus liées à cette facette de l'auditif, auront un affect particulier pour la musique et le rythme des chansons etc.

Il existe des auditifs digitaux, pour eux l'important n'est pas nécessairement le son, mais le sens que va apporter le son. La sémantique va particulièrement les toucher, un mot qu'ils connaissent ou même qu'ils ne connaissent pas, va plus facilement être intégré dans leur champ de compréhension.

Demandez à votre partenaire de se souvenir d'une conversation qu'il a pu avoir avec un ami, ou un responsable et observez vers où il va instinctivement orienter ses yeux.

Si les yeux sont orientés en bas à gauche, il y a le dialogue interne ou le focus interne. La plupart du temps, quand nous discutons avec nous-mêmes, quand nous nous faisons des réflexions, nous avons tendance à regarder vers le sol.

Cette tendance est donc une facilité pour nous de nous reconnecter avec notre voix intérieure. Vous allez voir que lorsqu'un partenaire descend les yeux en bas gauche, il y a de fortes chances que ce que vous venez de dire construise en lui un échange.

Demandez à votre partenaire de commencer un dialogue interne sur ce que vous venez de mettre en place auparavant et observez.

Si les yeux sont orientés en haut à droite, votre partenaire est en train de faire appel à son imagination visuelle.

Régulièrement, pour construire une idée, créer un projet, créer une image, nous avons plus tendance à monter les yeux vers la droite. Demandez à votre partenaire d'imaginer simplement un extra-terrestre qui joue du jazz dans une maison en pain d'épices et observez.

Si les yeux sont orientés au centre à droite, nous allons retrouver le côté auditif de notre partenaire qui va créer, avec son imagination, peut-être des sons, des dialogues, des paroles. Observez.

Enfin, si les yeux sont orientés en bas à droite, votre partenaire est dans la zone kinesthésique, c'est-à-dire qu'il est en train de ressentir avec son corps. Les informations que vous lui donnez, font qu'il se connecte à son être physique.

Il est d'ailleurs intéressant de voir que de nombreuses personnes kinesthésiques regardent constamment vers le bas, ce qui peut gêner leurs interlocuteurs, qui ont l'impression qu'ils ont peur de soutenir le regard.

C'est simplement parce qu'ils comprennent, et s'expriment avec leur corps.

Demander à votre partenaire de se souvenir d'une sensation agréable sur le corps, peut-être d'un massage et de vous le décrire. Observez. Vous allez donc vous rendre compte qu'en fonction du partenaire que vous avez, il a sa façon de fonctionner.

Nous allons introduire une autre idée qui indique qu'en PNL, chaque interlocuteur, chaque être humain, a sa propre carte du monde. La carte du monde va être le filtre avec lequel il voit, entend, ressent le monde dans lequel il évolue.

Cependant, à aucun moment la carte du monde représente la réalité du territoire. C'est-à-dire que ce que nous percevons est très personnel mais aucunement réel dans le sens commun des choses.

Sans entrer dans la philosophie, comprenons que chacun de nous avons une manière différente d'imaginer ou de percevoir le monde, selon nos histoires, nos expériences, nos filtres, nos croyances et qu'à partir de cela nous ne sommes pas capables de percevoir la même chose qu'une autre personne.

# Chapitre 6 : Mieux communiquer avec l'autre

Comme nous venons de le voir chaque personne a sa carte du monde et à partir de là, nous devons prendre le temps d'utiliser les images, les mots, ou les perceptions sensitives qu'il est capable de comprendre.

Nous allons donc commencer à mieux communiquer avec notre partenaire et pour ce faire c'est simple, nous allons utiliser un lexique qu'il peut comprendre.

Vous avez compris les différents VAKOG, maintenant il vous suffit de parler avec les mots qui pourront correspondre à ces différents canaux sensoriels.

Par expérience, je sais que de nombreuses personnes peuvent se braquer, se bloquer même sur le fait de ne pas trouver exactement ce que leur partenaire a comme canal principal.

Ne soyez pas frustré de ne pas trouver spécifiquement ce que votre partenaire est. En effet selon les conversations, selon les situations, nous allons développer des canaux différents. Prenez celui qui vous marque le plus pendant la conversation.

Nous avons même remarqué que pendant les transes, lors de cette connexion entre le conscient et le subconscient, les partenaires peuvent complètement changer de canaux.

C'est-à-dire que si vous vous synchronisez de manière adéquate, que vous jouez correctement votre danse avec lui, il y a de fortes chances que son canal principal commence à changer.

C'est assez rarement mis en avant dans les ouvrages de PNL, parce que depuis quelques années nous parlons de moins en moins de transe dans cette discipline.

L'expérience de l'hypnose nous permet de comprendre que, potentiellement, nous ouvrons d'autres facultés, d'autres perceptions du monde quand nous sommes dans une transe.

Je me souviens d'un des premiers conseils qui m'avait été donné en communication. Pour faire simple, il est important de reprendre les derniers mots que notre partenaire a utilisés.

Ce simple conseil vous donne l'idée de la façon d'utiliser les différents canaux de perception.

En effet, vous allez vous rendre compte que si vous répétez les mots que votre partenaire utilise, si vous utilisez sa sémantique, la compréhension sera plus simple et vous permettra dès lors un meilleur rapport.

Jusqu'à présent je n'ai pas défini le rapport, pour une raison simple, de façon générale on explique que le rapport se base sur le pace, le lead, le Mirroring et l'utilisation d'une sémantique juste avec votre partenaire.

Le rapport est en réalité le lien que vous allez créer avec votre partenaire. Cependant, je pense que le rapport va plus loin que quelques notions techniques.

En effet, je mets régulièrement en avant le fait qu'une connexion de cœur à cœur, ou plus simplement de subconscient à subconscient, offre une confiance et une sincérité dans votre comportement qui entraîne un réel rapport.

Le rapport n'a pas besoin d'être long, ni même de durer sur la longueur. Le rapport peut être éphémère, le temps d'un sourire, le temps d'une salutation, le temps d'une réunion et pour autant créer un marquage positif chez votre partenaire.

Nous verrons ultérieurement ce que sont les ancrages, mais il est possible qu'avec un rapport vrai, sincère, une relation plus profonde que superficielle, vous marquiez et ancriez potentiellement votre partenaire.

Utiliser les mots, les gestes, les attitudes d'un partenaire c'est lui donner la possibilité d'être compris avec le sens qu'il détermine dans chacun des mots.

Souvenez-vous que vous avez un objectif lors de votre rapport, dans votre conversation avec le partenaire. C'est pour cette raison qu'il est important de poser des questions. En effet dans votre phase d'observation, d'écoute, vous allez demander, interroger et enquêter sur la sémantique qu'il utilise.

Une erreur que nous faisons fréquemment c'est de croire que tout le monde pense comme nous.

Nous l'avons vu précédemment, chacun a sa carte du monde. En réalité nous mettons un sens différent, une histoire, parfois même un monde totalement opposé dans des mots pourtant similaires.

Pour mieux communiquer avec nos partenaires, il ne faut pas simplement être un perroquet, ni même être un mime, mais réellement comprendre le sens des mots, le sens des attitudes et des gestes.

Il y a d'ailleurs en PNL un mot qui se nomme "ratification". La ratification permet de faire constater, remarquer, à notre partenaire une attitude qu'il vient d'avoir, un mot qu'il vient d'utiliser, vous lui permettez ainsi de conscientiser.

Vous pouvez également utiliser un autre outil, celui de la sémantique et du lexique le plus juste par rapport à votre partenaire.

J'ai remarqué que régulièrement nous perdions trop de temps pour savoir quel canal sensoriel notre partenaire utilisait le plus lors de sa conversation. Pour éviter de perdre du temps à ce sujet-là, vous pouvez prendre comme sémantique, lors de votre échange avec votre partenaire, l'ensemble des sens : visuel, auditif, kinesthésique…

Quand vous ouvrez le champ lexical, vous allez vous rendre compte que votre partenaire va réagir facilement, répondre avec les mots bien spécifiques de son monde. Ces mots-là vous offriront une possibilité de compréhension et d'exploitation de son canal principal. C'est une méthode plus simple pour découvrir, plutôt que d'utiliser la direction des yeux.

Vous remarquerez d'ailleurs que cette réflexion est digne d'un auditif, le sens et la sémantique prenant davantage d'importance que le visuel.

En résumé, pour mieux communiquer, vous aller prendre un moment pour bien écouter, pour observer, et au travers de la synchronisation que vous avez mise en place, vous allez offrir à votre partenaire un maximum d'éléments ouverts à sa compréhension.

Le rapport se créera dans un état de transe même minimum, ce qui amplifiera l'impact de votre discours.

# Chapitre 7 : Le Questionnement

Le questionnement est, à mon sens, la chose la plus importante en PNL. En général, ce n'est pas un élément qui est particulièrement mis en avant. En effet, on préfère mettre en valeur les différentes techniques que nous connaissons comme de Switch pattern, les submodalités, et d'autres options que nous verrons ultérieurement.

La question est dans toutes les disciplines de développement personnel, de thérapie et même dans la vie quotidienne, le moyen qui nous permet d'ouvrir le plus de possibilités. En effet, avec la bonne question nous allons obtenir les bonnes informations pour avancer, évoluer, comprendre et atteindre petit à petit notre objectif.

Comme je vous l'ai dit précédemment la question permet d'ouvrir des transes. Les transes permettent une meilleure communication interne et également une ouverture à la suggestion externe, ou à l'autosuggestion.

Je pense même que le questionnement est une forme d'art.

De mon point de vue, le praticien qui maîtrisera le mieux la question, celle qui va être juste et qui permettra d'ouvrir une transe de possibilités à son partenaire, fera qu'il pourra mieux s'adapter à ses patients.

Nous allons déjà voir dans un premier temps les questions de base.

Sur chaque sujet que vous allez aborder avec votre partenaire, dans la phase d'écoute, gardez toujours en tête la base du questionnement : qui, quoi, où, quand, comment, pourquoi, ou plutôt pour quoi.

À chaque fois que vous cherchez à découvrir la carte du monde de votre partenaire, gardez en tête cette idée et prenez le temps de poser l'une des questions sous la forme précédemment proposée. Vous allez remarquer que votre partenaire va chercher ses réponses et cette recherche est une focalisation interne.

À partir du moment où votre partenaire focalise et recherche les informations, il est dans une transe qui vous permet de bien écouter, de comprendre, de percevoir l'ensemble des éléments de sa personnalité.

C'est à ces moments-là que vous pouvez découvrir ses canaux, ses valeurs, ses croyances.

Souvenez-vous, nous passons du pace au lead et du lead au pace. Le questionnement se trouve dans le pace mais peut également avoir un levier de lead par rapport à notre partenaire. En effet, si vous orientez correctement les questions, vous l'orientez vers votre objectif et par extension vous approchez petit à petit de ce que vous souhaitez obtenir.

Dès lors, au travers de votre posture vous allez commencer à prendre le lead dans votre échange.

Très souvent on me demande quel type de questions il faut poser, sur quel sujet.

Je conseille souvent de reprendre la pyramide de Dilts.

Cette pyramide est utilisée sur différents niveaux. Selon Dilts, il faut toujours travailler sur un niveau supérieur pour gérer un problème de la strate inférieure.

Voici les différents paliers :

– Palier 1 : l'environnement.
– Palier 2 : le comportement.
– Palier 3 : les capacités.
– Palier 4 : les croyances.
– Palier 5 : les valeurs.
- Palier 6 : l'identité.

Lorsque vous allez orienter les questions, tout en gardant en tête votre objectif, vous allez commencer par des questions sur l'environnement de votre objectif. En effet, il faut savoir dans quelles conditions, dans quel contexte, l'ensemble des éléments et des protagonistes prendront part à ces échanges.

Vous allez pouvoir découvrir dans quel monde vous évoluez. Souvenez-vous, c'est une facette de la carte du monde de votre partenaire, et il est important de pouvoir comprendre le système afin de mieux orienter vos arguments, vos mots, vos intentions. Si vous constatez que l'environnement est problématique, c'est-à-dire qu'il peut être bloquant, par exemple, vous découvrez qu'un membre de la famille ou un ami est contre le projet, il va falloir, pour impacter cette systémie, non pas trouver des solutions pour l'environnement, mais plutôt travailler sur votre comportement ou sur un comportement dissonant.

Vous allez poser des questions sur l'environnement et y voir les problèmes, puis vous allez pouvoir l'interroger sur les comportements qui modifieraient cet environnement. Plus vous aurez d'informations, plus vous allez savoir comment vous comportez avec cet environnement.

Imaginez que vous êtes un espion, et que vous devez entrer dans un monde que vous ne connaissez pas. Vous allez simplement apprendre les us et les coutumes du milieu. Vous n'allez pas transformer le milieu à votre convenance, mais vous allez vous adapter d'un point de vue comportemental à la situation.

Donc dans la vie, en utilisant les outils de PNL vous allez savoir, grâce à cette pyramide, sur quelle aptitude, ou sur quelle orientation vous allez devoir poser des questions afin d'obtenir un maximum d'éléments permettant de vous orienter vers la réussite.

Une fois que vous avez réussi à trouver des solutions au comportement, vous allez pouvoir vous y adapter. Seulement, parfois il va vous manquer des éléments importants pour vous comporter de la manière la plus juste. Et pour ce faire la solution se trouve au niveau supérieur, les capacités.

En effet, les capacités sont liées à des apprentissages. Si votre environnement est la mécanique, vous devez vous comporter comme un mécanicien. Seulement le comportement de mécanicien implique des connaissances techniques.

Pour vous comporter correctement, il va falloir avoir les compétences et donc la capacité de faire de la mécanique.

L'ensemble des questions que vous allez poser seront centrées principalement sur ces compétences-là.

En ce qui concerne les valeurs et les croyances, dans un premier temps, dans un questionnement de base il est préférable de ne pas les chercher.

Écoutez bien votre partenaire, parce que les valeurs et les croyances transpirent dans chacune des réflexions qui vont être faites.

Le fait de l'interroger directement dessus peut-être mal pris par vos interlocuteurs.

Dans ce cas, vous allez casser le rapport avec eux. Si par contre ils mettent en avant certaines valeurs, qu'elles soient politiques, religieuses, sociétales, vous pouvez rebondir dessus. Pensez bien qu'il ne faut pas imposer vos idées, mais interroger votre partenaire sur l'ensemble des éléments qu'il vous fait partager.

Plus vous allez connaître les différentes valeurs et croyances de votre partenaire plus vous allez facilement pouvoir vous adapter et adapter un discours afin d'aller vers votre objectif.

Je vous rappelle que la question nourrit l'objectif. Cela peut sembler parfois délicat, néanmoins il est important de garder en tête que nous sommes dans un rapport lié à un objectif.

Vous pouvez utiliser cette pyramide facilement comme base de questionnement et vous vous rendrez compte que cela ouvre un grand champ de possibilités, d'échanges, d'orientations avec vos partenaires.

# Chapitre 8 : La Transe dans la PNL

En PNL, nous pouvons facilement trouver des principes d'hypnose. Il est vrai que les dernières générations de praticiens en PNL évitent d'en parler. En effet, une des grandes forces de la PNL a été d'éviter de parler et d'associer cette discipline à l'hypnose.

Comme la PNL est utilisée de manière régulière en marketing, dans les entreprises, dans la communication, si nous parlions d'hypnose, il y a de fortes chances que les différents protagonistes se sentiraient manipulés par l'utilisateur. Pourtant les fondateurs du système avaient vraiment mis en avant le travail de Milton Erickson. Erickson était un Hypnothérapeute reconnu, qui a accepté de se faire modéliser par Bandler et Grinder.

Oublier aujourd'hui que la PNL est une forme d'hypnose est une remise en cause des travaux mis en place durant toutes ces années par ses créateurs.

Une des spécificités d'Erickson a été de créer l'hypnose dite conversationnelle. La PNL est donc un enfant de l'hypnose conversationnelle. D'ailleurs, vous l'avez certainement remarqué au travers des chapitres précédents.

Nous mettons sans cesse en place au travers de nos mots, de notre interaction avec notre partenaire, différentes pratiques et techniques afin d'aller vers un résultat.

Avec l'utilisation de la PNL, nous sommes dans une forme d'hypnose conversationnelle.

Quand nous parlions de synchronisation, nous avons exprimé l'idée que le subconscient reconnaît plus facilement une personne qui lui ressemble. Cette idée, qui est maintenant acceptée, est un des principes même de la transe.

Dans mon lexique, la transe est un lien entre le conscient et le subconscient qui permet une meilleure communication avec soi-même. Dans un état de transe nous sommes plus suggestifs aux idées et aux pensées de nos interlocuteurs.

Dans le monde de l'hypnose l'interlocuteur sera le praticien en hypnose. Seulement dans la dynamique que nous mettons en place aujourd'hui, le praticien sera le pratiquant de PNL.

Pourquoi recherchons-nous une transe ?

Nous cherchons à mettre en transe notre partenaire parce qu'il est, de ce fait, plus ouvert à un dialogue intérieur et à une réponse à nos suggestions, nos orientations. N'avez-vous jamais rêvé de pouvoir en quelques mots orienter une décision qui pourrait impacter votre quotidien ? La transe est l'outil, ou plutôt l'état qui va nous permettre d'utiliser au mieux l'ensemble des techniques de PNL.

À l'inverse de l'hypnose classique, la PNL ne formalise pas nécessairement la mise en transe.

En effet comme nous sommes dans une version conversationnelle, nous ne devons pas laisser croire que nous sommes en train de mettre en place une transe.

Cette facette hypnotique est souvent appelée hypnose couverte. Nous couvrons l'idée que nous mettons en place une transe que nous souhaitons exploiter au mieux.

Quand j'utilise le terme 'exploiter', cela peut certainement déranger certains lecteurs. Comme je l'ai dit précédemment, je pense que nous devons être dans une direction gagnant-gagnant. Or, cette transe ouvre des possibilités, mais n'impose en rien une réponse automatisée. Même si nous avons réussi à créer un rapport qui est complice et que les suggestions pénètrent plus facilement dans l'esprit de notre interlocuteur, il est dit en hypnose Ericksonienne qu'il existe un observateur caché. Comme nous sommes dans un ouvrage de PNL, je vous donne cette information afin que vous puissiez vous faire une idée de l'impact possible des transes sur le partenaire et de la protection naturelle que nous avons appris à mettre en place vis-à-vis de ces différentes influences.

Dans mon style d'hypnose, qui n'est pas Ericksonien, j'ai mis en avant trois façons d'entraîner dans une transe :

– Par une focalisation interne.
– Par une interruption de paterne.
– Par une saturation ou une confusion.

Aujourd'hui dans l'ensemble des systèmes inductifs mis en place en hypnose, que ce soit en Ericksonien ou en Elmanien, je ne vois pas d'autres techniques qui mènent notre partenaire dans une transe. Or l'ensemble de la méthode de PNL utilise l'une de ces trois facettes.

La transe est l'outil qui nous permettra d'obtenir un résultat positif aussi bien pour notre interlocuteur que pour nous.

En effet pour reprendre ce que je disais précédemment, la question va nous permettre de faire entrer notre partenaire en transe et d'ouvrir des potentiels de suggestions, d'orientation, mais également des retours émotionnels particulièrement intéressants pour avoir de nouvelles informations.

Aujourd'hui au travers de nos synchronisations, au travers de nos questions et avec une orientation, donc des suggestions, nous offrons un échange avec le subconscient de notre partenaire.

C'est à ce moment que nous pouvons mieux comprendre, mieux entendre, mieux écouter notre partenaire et ainsi offrir des mots justes et des orientations plus fines, afin de donner la sensation et l'impression que ce que nous mettons en place est positif pour tous les deux.

Bien sûr de nombreuses personnes utilise la PNL et donc l'hypnose à des fins de contrôle.

En effet, ces derniers temps j'ai pu découvrir, sur des études américaines, que Obama, le président des États-Unis, a utilisé de manière particulièrement fine l'ensemble des outils de la PNL.

Les personnes qui ont écrit ce document, se sentent indignés du fait que l'on puisse utiliser l'état de transe afin d'influencer les électeurs.

Vous allez entendre souvent cet argument-là lorsque vous parlerez de PNL.

On dit que la PNL va manipuler, orienter les esprits vers un objectif bien défini. Seulement c'est bien plus compliqué que cela n'y paraît. Sinon tout le monde l'utiliserait à longueur de journée.

L'aspect manipulatoire de la PNL, de l'hypnose, si nous formalisons la méthode, est justement que nous offrons la possibilité de vivre des transes.

Sans transe, et pour être plus précis, sans transe ouverte, il ne peut y avoir d'interaction avec le subconscient du partenaire et donc l'obtention du résultat de notre objectif.

## Chapitre 9 : les moteurs de motivation des partenaires

Nos partenaires vont avoir des façons de se comporter différentes. Nous avons pu constater qu'en travaillant sur l'observation et sur notre capacité à nous adapter, nous sommes capables d'orienter l'ensemble des échanges vers l'objectif que nous souhaitons atteindre.

En complément de la PNL, il y a un système que je trouve particulièrement performant. Ce système se nomme l'Ennéagramme.

En effet ce système a souvent été lié à la PNL dans les années 80. Maintenant nous voyons un peu moins de parallèles du côté de la PNL, mais les praticiens de l'Ennéagramme utilisent beaucoup la PNL pour compléter cette extraordinaire discipline.

Dans ce chapitre, je vais vous introduire quelques notions qui pourraient vous être utiles dans vos futurs échanges, par le biais de cette PNL interpersonnelle que nous mettons en place.

Il faut savoir que dans l'ennéagramme il y a neuf types de personnalités.

Ne pensez pas qu'un type de personnalité est une case qui enferme la structure psychique de notre partenaire. En revanche, cela nous donne des notions sur les motivations, les moteurs de vie de certains de nos partenaires.

À partir du moment où nous sommes plus ouverts à la compréhension de leur moteur, nous prenons moins attention à leur comportement, parce que nous comprenons que pour un même comportement il peut y avoir des motivations différentes.

En effet, prenons par exemple des personnes qui font une course. Chaque personne souhaite gagner cette course. Certains, par leur moteur interne, veulent gagner pour être les meilleurs.

D'autres veulent gagner pour que l'on considère qu'ils s'approchent d'une forme de perfection. D'autres voudront gagner simplement pour se sentir plus fort.

Enfin il y aura certains coureurs qui souhaiteront gagner parce que toute l'équipe derrière les soutiens, et se sont sacrifiés pour lui. D'un point de vue extérieur nous voyons des coureurs qui veulent simplement gagner.

Le comportement est "je veux gagner". Pourtant les motivations qui sont derrière n'ont rien à voir et la représentation interne de ce qui est en train de se passer pourrait nous passer sous le nez, si nous ne prenions pas attention à ces moteurs.

C'est en cela que la PNL grâce à l'étude des clefs d'accès, de la sémantique, du lexique et de notre capacité à nous synchroniser, nous permet d'être des chercheurs bien plus aguerris et observateurs que la plupart des personnes.

**Ennéatype 1** : son moteur est principalement axé sur la quête de perfection. En effet, ces interlocuteurs chercheront toujours à aller vers ce qui est parfait. Ils veulent être le plus juste possible et souhaitent que tout ce qui est mis en place soit clair et juste.

**Ennéatype 2** : son moteur principal est la quête de reconnaissance. En général nous pouvons les surprendre à vouloir faire plaisir quoi qu'il arrive. En effet, ils ont tendance à s'oublier afin que vous soyez contents en toutes circonstances. Assez souvent nous penserons que la négociation, ou l'échange, est simple avec ce type de personne.

Seulement c'est faux, parce qu'ils ne sont pas dans l'écoute de leurs besoins et par extension ne sont pas capables de clairement discerner leurs envies par rapport à votre objectif. Ils diront "oui" simplement pour éviter de vous contrarier et pour vous faire plaisir. Seulement si vous devez les impliquer dans le processus, il y a de fortes chances qu'ils aient beaucoup de mal à le faire, parce qu'ils n'en retirent aucun bénéfice autre que celui de vous faire plaisir.

**Ennéatype 3** : ces partenaires ont en général une volonté de réussir. Ils sont prêts à tout pour atteindre leurs objectifs. Ce sont des gagnants et, quoi qu'il arrive, ils mettront tout en place pour gagner. En général ce sont des personnes qui sont motivées et prêtes à énormément s'investir si l'objectif peut leur apporter succès et réussite.

**Ennéatype 4** : ce sont des partenaires qui cherchent ce qu'il y a de plus authentique. Une volonté farouche de trouver le cœur de l'absolu dans tout ce qu'ils font. Cela est particulièrement intéressant, parce que vous êtes certains qu'ils vont pouvoir vous offrir un nombre extraordinaire de possibilités. D'ailleurs, émotionnellement ils sont vraiment très variables.

En effet, ils ont une capacité à ressentir très facilement les choses, à s'y investir complètement et à vous dire avec leurs tripes ce qu'ils ressentent. En général, ils sont assimilés à des artistes, ou en tout cas à des personnes qui sont dans cette dynamique.

**Ennéatype 5** : son moteur est axé sur la connaissance. En général, ce sont des personnes qui auront une véritable envie de trouver des réponses à leurs questions quoi qu'il arrive. Ils seront satisfaits à partir du moment où vous aurez pu répondre à toutes leurs questions et à toutes leurs objections.

Une fois qu'ils ont suffisamment confiance dans les informations que vous leur avez données, dans ce cas, le deal et l'objectif ont de fortes chances d'aboutir.

**Ennéatype 6** : ce sont des partenaires particulièrement loyaux. Ce sont des personnes qui cherchent à se faire intégrer dans un groupe afin d'avoir une forme de sérénité. En réalité ils cherchent de la sécurité. Quand vous allez présenter votre objectif, vos projets à ce type de personne, il faut les sécuriser. Si vous n'arrivez pas à leur donner la sensation que tout ce qui est proposé est juste et sécurisé, alors vous allez perdre le rapport avec eux.

En revanche, une fois que vous avez pu les motiver, les intéresser sur les différents sujets qui vous tiennent à cœur, ils peuvent y adhérer à 100 % et s'y donner corps et âme.

**Ennéatype 7** : en général vous les remarquerez par cette envie de diversité. Ce sont des partenaires qui aiment passer d'un projet à un autre, d'une idée à une autre et se stimuler dans changement.

Il est parfois un peu difficile de les faire focaliser sur un objectif précis. Pourtant, s'il y a une sensation d'amusement, de jeux, ils pourront pleinement s'y investir et être fiables dans cette démarche.

**Ennéatype 8** : en général ce sont des personnes qui cherchent la force. Le rapport que vous allez créer avec eux doit se faire dans une énergie de puissance.

Si votre partenaire ne vous considère pas comme fort, s'il ne vous donne aucun mérite particulier, vous allez avoir une grosse difficulté à maintenir un rapport et une transe stable. En effet, ce sont des partenaires qui facilement souhaitent prendre pouvoir. Et il se peut qu'ils vous cassent complètement l'objectif que vous aviez fixé, pour nourrir leurs propres intérêts.

Pourtant, si vous arrivez à les motiver et à montrer patte blanche, vous aurez des partenaires qui utiliseront toute leur énergie pour atteindre leur objectif.

**Ennéatype 9** : son moteur est dans la notion de paix. En effet, ils cherchent à ce que tout le monde soit satisfait et qu'il y ait le moins de conflits possibles. Une énergie particulièrement intéressante si vous souhaitez éviter les conflits.

En prenant attention aux différents moteurs de nos partenaires et en découvrant celui qui les motive dans leur quotidien, vous allez plus facilement vous synchroniser avec eux.

Votre lexique, votre sémantique vont pouvoir s'adapter et donc nourrir potentiellement les transes dans lesquelles il est naturellement.

Pour aller un peu plus loin, il faut comprendre qu'un ennéatype représente une transe du quotidien.

Ce sont des automatismes qui sont répétés sans que les personnes se rendent compte que cela existe. Pour autant, il est rare que ce soit le conscient qui décide mais plutôt les paternes récurrents du quotidien. Une fois que vous avez créé un rapport juste avec votre partenaire, que vous pouvez entrer dans sa carte du monde et donc lui offrir des mots qu'il comprend, qu'il ressent, et qu'il accepte, vous devenez une partie de sa carte et par extension une partie de sa transe.

Prenez le temps qu'il faut pour découvrir ces aspects et, comme précédemment, posez les bonnes questions.

Je vous conseille d'ouvrir quelques ouvrages sur l'Ennéagramme, vous serez agréablement surpris de la qualité du système.

# Chapitre 10 : Les Méta Modèles

Je pense que les méta modèles sont un concept intéressant à comprendre, je vais vous faire une introduction sur ce sujet.

Dans le quotidien vous n'aurez pas nécessairement l'envie, ni le temps, de bien capter l'ensemble des variations sur les méta modèles. En revanche, vous allez comprendre assez facilement les trois principes de base que vous pourrez appliquer.

Comme l'objectif de ce livre est la pratique, je préfère vous donner des bases que vous pourrez compléter par la lecture d'autres ouvrages de PNL, ou mieux en lisant les deux ouvrages des fondateurs.

Dans notre enquête nous prendrons attention à partir de maintenant à plusieurs points : Les canaux de communication, les valeurs et les croyances si nous utilisons la pyramide de Dilts, les moteurs comme nous avons pu le voir dans le chapitre précédent, tous ces outils nous permettent de rester vifs dans l'exploration de la carte du monde de notre partenaire.

Il est donc intéressant de constater que par rapport à chaque personnalité et à sa façon d'exploiter sa carte, il y ait une manière de communiquer qui soit personnelle à chacun.

Dans cette manière de communiquer vers les autres, nous allons retrouver ce que l'on a nommé des méta modèles.

Ces modèles sont en réalité une forme de limite sémantique du partenaire dans l'expression d'une idée, d'un projet ou d'un concept. Pensez bien que si votre partenaire utilise certains méta modèles, vous en utilisez d'autres.

Quand nous pensons à la PNL interpersonnelle, nous avons toujours en tête un objectif. Et si dans cet objectif nous ne sommes pas capables de communiquer le plus clairement possible, c'est-à-dire sans limite, nous risquons de ne pas obtenir le retour attendu. Gardez en tête que notre langage n'est pas le vécu que nous ressentons en nous.

Le langage, ou en tout cas les mots que nous allons exploiter, représenteront une structure de communication plutôt superficielle.

On la différencie de la structure de communication dite profonde, c'est-à-dire celle qui se passe à l'intérieur de nous ou de notre partenaire, avant même que les mots ne soient prononcés. Prenez par exemple l'idée d'une expérience extraordinaire que vous avez vécue, et voyez comment vous l'exprimez à des proches. Il est souvent difficile de faire passer son idée, sa communication, de manière aussi intense que ce que nous ressentons à l'intérieur de nous.

Voici donc les trois méta modèles :

– **Les généralisations** : c'est certainement le modèle que vous allez le plus rapidement comprendre. En effet la généralisation est notre capacité à prendre une expérience ou une partie d'expérience comme étant la conclusion de l'ensemble des éléments.

Pour rester dans le concret, nous nous sommes fait mordre par un chien et de ce fait, nous généralisons l'idée que tous les chiens sont agressifs et dangereux. Nous savons très bien, rationnellement, que ce n'est pas le cas, seulement notre sémantique met en avant cette généralisation.

Quand vous vous dirigez vers votre objectif, vous allez observer que vos partenaires généralisent beaucoup. Avoir des réponses du type 'ça n'arrive qu'à moi', 'ça se passe toujours comme ça', ou ' je n'ai jamais fait ceci ou cela' etc.

Le fait de limiter le spectre des possibilités et d'induire l'idée que tout est comme ça, va automatiquement donner une communication qui manquera de spécificité. Cela va également limiter les idées, les points de vue et par extension les cartes du monde des différents interlocuteurs.

Pensez bien que lorsque vous entendez une généralisation, le plus intéressant est de poser un maximum de questions, afin de détailler.

En général, à des expressions classiques du type : « ça n'arrive qu'à moi ». Vous pouvez même partir sur un recadrage. C'est-à-dire poser une question du type : « es-tu vraiment sûr que tu es la seule personne sur terre à qui ça arrive ? » Nous allons tous prendre conscience que, bien sûr, ce n'est pas une réalité et le fait de le constater permettra à la fois, à nous et à notre interlocuteur, d'ouvrir cette communication et d'avoir des précisions sur ce qu'il se passe à l'intérieur de lui lorsqu'il exprime cela.

– **Les omissions** : les omissions permettent de limiter les explications en mettant de côté certains aspects qui pourraient être utiles pour mieux comprendre la situation.

Cependant pour différentes raisons notre partenaire estime que, soit nous connaissons déjà ce qui n'est pas exprimer, soit il estime que c'est une connaissance tacite pour tout le monde, en tout cas dans son monde intérieur, dans ce qu'il exprime, tout y est parfaitement clair, mais la manière dont il l'expose manque cruellement d'informations. Il peut y avoir un aspect très positif à l'omission, en effet cela permet de synthétiser des informations et dans le cadre de l'apprentissage, cela vous donne rapidement des points clefs.

D'ailleurs dans ce chapitre je choisis sciemment de faire de nombreuses omissions sur les méta modèles et les détails, afin de vous donner un support de base que vous allez pouvoir compléter.

– **Les distorsions** : ce méta modèle nous permet de transformer les informations intérieures afin de leur donner la forme qui nous intéresse. Nous le retrouvons souvent dans la lecture de pensée.

En effet, nous cernons quelques signes sur le langage corporel, nous avons nos connaissances de PNL, nous observons qu'il regarde en haut à droite, donc nous concluons qu'il nous dit un mensonge.

Cette lecture de pensée est une distorsion qui casse la communication et impose notre croyance comme étant la seule viable et valable. Cela n'implique pas davantage l'interlocuteur à exprimer ce qu'il vit ou ressent. C'est une forme de protection et de distanciation.

Vous allez vous rendre compte que dans votre quotidien vous utilisez fréquemment les méta modèles. Par exemple, vous croisez un chat noir et dans votre tête vous vous dites : 'je vais avoir la poisse toute la journée'.

Ces généralisations sont communes, et pourtant elles ont un réel impact sur le dialogue intérieur. À partir du moment où vous commencez à reconnaître ces différents modèles vous pouvez utiliser l'outil ultime, c'est-à-dire : la question.

Poser davantage de questions et obtenez le plus de réponses claires pour que cela puisse entrer dans votre cadre et dans votre carte du monde.

Pensez bien que c'est la même chose du côté de votre partenaire, particulièrement si vous avez un objectif, il est important que vous puissiez, de votre côté, valider le fait que ce que vous exprimez soit correctement compris.

En effet vous allez certainement utiliser des généralisations, des omissions, et des distorsions et il est important de valider que la compréhension et l'échange se soient faits de manière correcte.

Vous pouvez trouver l'ensemble de ces éléments dans le livre 'structure of Magic' de Bandler et Grinder.

# Chapitre 11 : Créer des contacts

Jusqu'à présents nous avons vu comment gérer les relations, les échanges, les discussions avec nos partenaires. Nous avons pu remarquer que la PNL est efficace pour obtenir une transe. Nous avons en tête nos objectifs et nous sommes capables de gérer au mieux à fin de les réaliser.

En revanche, nous ne sommes pas encore entrés dans le principe de contact. Je le nomme le pré-contact. En effet, nous avons une phase où nous devons créer une relation avec notre partenaire. Seulement, nous ne sommes pas directement dans un échange ou une discussion. Nous allons devoir dans un premier temps nous connecter à un groupe.

Ce pré-contact va utiliser un outil que nous avons vu précédemment. Souvenez-vous, dans le chapitre du lead, je vous ai parlé de l'importance du regard. Que nous connaissions ou pas les personnes avec qui nous allons entrer en contact, il est important de pouvoir arriver dans le groupe ou en relation avec l'individu de face.

Ne tentez jamais de créer un rapport en arrivant par derrière. C'est normal, notre cerveau reptilien prendrait cela comme une agression.

Je me suis rendu compte, que nous tenir face à notre partenaire peut parfois être agressif. Si nous arrivons de face, nous devons nous tenir plutôt à 45°. En effet, cela permet à notre partenaire de pouvoir constater que devant et derrière nous n'avons pas d'armes. Là encore nous entrons dans le monde de notre partenaire.

C'est-à-dire qu'il doit vérifier, inconsciemment, que nous ne sommes pas un danger pour lui.

Souvenez-vous, cette phase nous rapproche de la notion de pace et de lead.

Le pré-contact va donc se faire avec une attitude de face, un positionnement de corps à 45°, et un regard franc dans les yeux.

Nous sommes dans une société qui joue beaucoup sur l'image. C'est-à-dire que le canal de perception majeure reste le visuel. La prise de contact avec le regard vous permet d'entrer dans un monde plus franc de l'image.

Ensuite, vous pouvez, en fonction de qui a pris le lead avec l'échange de regards, soit de suivre en attendant qu'il tende la main pour saluer, soit de prendre le lead pour mettre un rythme nouveau dans cette connexion.

Maintenant, voyons ce qui se passe quand nous entrons en contact avec un groupe. Il y a un concept dans tout groupe, celui de l'alpha. En effet, il y a toujours une personne dominante dans un groupe.

Quand nous allons à la rencontre d'un nouveau groupe, sans nécessairement avoir été introduit, l'alpha va facilement se placer. D'ailleurs, d'expérience je me suis aperçu que même si nous sommes introduits, nous devenons une menace potentielle pour l'alpha.

Que représente un alpha ? On peut dire que c'est la personne qui mène, qui guide le groupe. Dans tous les groupes il y a une personne qui domine les autres.

Je fais le distinguo entre l'alpha naturel et l'alpha construit. En effet, il y a de nombreux alpha qui ont été construits par leur vie et par leurs ambitions afin d'être reconnus, admirés et pris pour chef.

L'alpha naturel, par contre, attire facilement les personnes autour de lui et développe un charisme bien spécifique.

Il faut se rendre compte que si nous abordons un groupe avec un alpha naturel, logiquement cela ne posera que peu de problèmes. Vous allez vous demander pourquoi ?

Et bien l'alpha naturel sait inconsciemment qu'il est dominant dans son groupe. Il sait que naturellement les gens aiment sa présence, sa protection, la relation qu'il met en place. Si un nouvel élément intervient, sa position étant stable, celui-ci n'y sera que très rarement une menace.

Les alphas, qui se sentent menacés sur leur territoire, sont pour la plupart du temps des alphas construits.

En effet ils se sont battus pour arriver à ce statut, et donc tout nouvel entrant devient potentiellement un adversaire qu'il faudrait anéantir. Bien sûr, c'est plus subtil que cela dans le quotidien néanmoins nous retrouvons facilement ces différentes perceptions.

Quand vous allez ouvrir un groupe il va être intéressant de vous poser la question de savoir si vous allez vous adresser directement à l'alpha.

En effet, votre prise de contact visuelle aura une grande importance.

La plupart du temps, si vous ouvrez un groupe sur une personne qui est considérée comme bêta, à cet instant-là, l'alpha pourra facilement interférer et empêcher la mise en place de vos outils de PNL.

Vous vous retrouverez donc à suivre son rythme et à perdre facilement votre objectif. En entrant en contact avec un groupe, vérifier rapidement qui est-ce qui mène la conversation. Observer les différentes postures, observer les différentes façons de se comporter de chacun, le timbre de voix, en remarquant qui parle plus fort, qui prend le plus de place. Un alpha est assez facile à identifier.

Le premier rapport que vous allez mettre en place va devoir, en quelques instants, pouvoir intéresser ce partenaire-là, si vous ne parvenez pas l'intéresser vous avez deux solutions :

Soit vous repliés rapidement vers le reste du groupe, c'est-à-dire que vous allez passer outre le pouvoir de l'alpha et de ce fait redonner le pouvoir aux autres partenaires.

Pensez bien que si une personne est le dominant dans un groupe, il y a toujours d'autres personnes qui souhaitent le devenir. Gardez en tête que dans chaque groupe il y a la volonté d'être roi à la place du roi.

Si vous offrez aux prétendants la possibilité de devenir, même de façon transitoire, le roi, vous allez changer l'équilibre du groupe.

Cette méthode représente un risque, en effet, l'alpha peut se rebeller et imposer son autorité sur les personnes du groupe qui sont le plus en bêta à ce moment-là.

Soit vous le faites de manière suffisamment subtile et vous faites simplement parler les partenaires en les interrogeant. Pensez bien que la question reste votre arme maîtresse, l'alpha pourra intervenir mais ne pourra pas clore la conversation.

Pour résumer :

– allez ouvrir un groupe en observant qui est l'alpha.

– Parlez à l'alpha pour retenir son attention.

– Si ce dernier n'est pas intéressé, trouvez les bêtas qui pourraient vouloir prendre la place de l'alpha de façon transitoire.

– Insistez le plus possible pour trouver des partenaires qui donnent leur opinion et qui s'ouvrent à vous.

Une fois que vous avez pris l'attention de vos interlocuteurs, cherchez la personne qui sera le plus à même de répondre à vos questions. Mettez-la en avant, tout en continuant à interroger les autres, afin de mettre une compétition quasi inconsciente entre chaque partenaire.

Le but n'est pas de créer une dissension, mais plutôt de trouver une valeur qui pourrait être commune à chacun, et offrir la possibilité à ceux qui ne s'expriment pas de s'exprimer et donc, d'exister dans un groupe grâce à vous. Vous devenez dès lors un partenaire agréable, utile et valorisant dans le groupe.

Restez constamment positif, quand vous allez à la rencontre des autres. Il est clair qu'une énergie active, positive, ouverte offre des possibilités infinies avec des groupes. Il ne vous reste plus qu'à mettre en pratique et, souvenez-vous, plus vous êtes ouverts, plus vous réussirez à ouvrir les groupes.

D'expérience je me suis aperçu que les jours où je n'étais pas ouvert aux autres, prêts à entrer en contact avec autrui, tout me semblait difficile à faire.

En effet notre carte du monde devient alors la réalité, notre dialogue intérieur devient notre réalité extérieure.

## Chapitre 12 : Les Leviers d'influence

En PNL, que nous le voulions ou non, nous influençons. Pour ne pas dire nous manipulons. Nous entraînons nos partenaires à se diriger vers notre objectif. Il est vrai que souvent nous n'aimons pas ce terme-là. Seulement c'est une réalité et il faut accepter que nous dirigions nos outils pour obtenir de bons résultats.

Il y a un psychologue social du nom de Cialdini qui a énormément travaillé sur tout ce qui concerne l'influence et la manipulation. Je vous conseille de lire « influence et manipulation » de cet auteur-là. Vous allez être agréablement surpris des différents éléments qu'il propose.

Je vais juste vous introduire quelques notions, que vous pourrez utiliser facilement dans votre PNL.

**Réciprocité :** c'est un des principes de base de la manipulation. Ce qui est étonnant c'est que vous connaissez ce principe. En effet, quand nous souhaitons être gentils, nous utilisons naturellement ce levier de réciprocité. Pour faire simple, ce principe fonctionne sur le fait que je donne une chose à un partenaire.

L'exemple classique est celui de ce collecteur pour MSF, ou amnestie internationale qui vous arrête dans la rue en vous tendant un prospectus.

Avez-vous remarqué qu'à partir du moment où vous acceptez le papier, vous avez l'impression de devoir écouter les quelques mots d'introduction qu'il propose ?

Et bien c'est cela la réciprocité. Je donne quelque chose afin de mettre mon partenaire dans une dynamique qui l'implique à me rendre autre chose.

Nous retrouvons ce phénomène de réciprocité avec les enfants, quand il commence à être gentil et donne un bisou avant de demander une friandise. C'est classique, c'est naturel et ça passe facilement dans l'esprit de chacun.

Vous allez comprendre que sur Internet, quand vous allez sur un site et que l'auteur du site vous propose un PDF gratuit, il implique en échange d'avoir votre adresse e-mail. Vous pourriez vous dire que donner votre adresse mail ne le concerne pas, mais sans même vous en rendre compte vous acceptez de prendre son PDF en échange de votre adresse mail.

Nous utilisons la réciprocité au quotidien, nous faisons un sourire pour obtenir un sourire. Dans notre façon d'utiliser la PNL, la facette de synchronisation est un excellent outil de réciprocité. La question ouvre également à la réciprocité parce que je suis prêt à écouter ta réponse, tu vas être apte à écouter ma demande.

**Engagement et cohérence** : cet outil est également un classique. Prenons un cas simple, par exemple vous faites une formation en PNL.

Vous investissez du temps, de l'argent, et un ensemble d'émotions durant cette formation. Cette implication vous engage inconsciemment à aller au niveau deux. En effet, si on vous a vendu qu'en PNL il y a plusieurs niveaux avant d'être efficace, vous allez estimer que chaque palier est une nécessité. Le fait d'avoir investi dans un niveau, entraîne une logique d'engagement sur le niveau deux, particulièrement si nos professeurs saupoudrent l'idée que vous ne serez performants qu'en suivant l'ensemble du programme.

Admettons que votre formation soit complètement décevante. Comme vous vous êtes impliqué tant financièrement que personnellement, il y a peu de chances que vous admettiez que cette formation a été nulle.

En effet, vous sortirez des arguments du type : il y avait quand même des bonnes choses à prendre. En effet, il est très difficile pour l'esprit humain de se dire qu'il s'est fait rouler.

Si nous reprenons la PNL, il y a un outil que l'on nomme le « yes set ». Le principe est de faire dire en vagues successives un « oui ».

Une idée affirmative afin d'entraîner notre partenaire dans une dynamique positive. Inconsciemment nous engageons notre partenaire à répondre « oui ».

Ce principe fonctionne très bien parce que nous avons dans l'idée que nous nous sommes engagés dans une dynamique où le temps de conscientiser sera trop long et donc notre réponse se fait spontanément.

Pour vous donner un exemple de la cohérence, prenez le principe de l'achat de voiture. Parfois vous allez être déçu de votre voiture. Mais c'est quelques mois ou quelques années après la revente que vous allez admettre que votre choix n'avait pas été nécessairement le plus judicieux.

Vous avez été cohérents par rapport à votre acte d'achat et au temps que vous avez investis dans votre voiture.

**L'effet mouton** : certains le nomment la preuve sociale. Globalement vous le connaissez sous ces mots : « vu à la télé ». En effet, si la majeure partie de la population estime que c'est juste, il y a une forte probabilité que vous estimiez que ce soit juste.

C'est d'ailleurs un outil qui est facilement utilisé dans la vente. Acheter telle machine, parce qu'il a été prouvé que c'était l'une des meilleures du marché, tout le monde se l'arrache.

Dans la PNL, il est facile d'utiliser l'effet mouton.

Il suffit, si nous reprenons les cas du chapitre précédent, de faire en sorte que l'alpha soit en minorité vis-à-vis des bêtas en accord avec vous. Si la masse est supérieure au pouvoir de l'alpha, il trouvera une pirouette pour adhérer au concept, ou à l'idée que vous proposez.

Plus vous allez mettre en avant que le nombre est en accord avec une idée, avec des généralisations, (souvenez-vous de ce méta modèle) plus vous allez avoir de chances d'influencer votre partenaire qui va se référer au retour du plus grand nombre.

**La sympathie** : nous allons retrouver quelques concepts que nous avons déjà établis avec la réciprocité. Seulement cette fois nous appuyons sur le principe que, si je suis gentil avec toi, tu seras gentil avec moi.

Sans même nous en rendre compte, nous répondons à un concept social qui nous a été inculqué. Que ce soit religieusement ou socialement la gentillesse doit entraîner la gentillesse. Il y a de nombreuses personnes qui utilisent ce levier. Il suffit de voir dans le domaine de la vente, mais également d'observer dans une entreprise ou même avec notre propre famille à quel point la gentillesse, la sympathie est un levier utile afin d'ouvrir nos partenaires.

**L'autorité** : nous connaissons cette notion là avec le syndrome de la blouse blanche. Nous savons qu'une personne que nous estimons compétente, comme un médecin par exemple devient une valeur de référence. Ce rapport de d'autorité nous offre donc un moyen de pression inconsciente sur le partenaire qui peut douter de ses propres capacités.

C'est d'ailleurs une façon de faire en PNL, parfois en utilisant certains mots, ou si nous reprenons les méta modèles en proposant des distorsions. Nous nous mettons comme référent, dans le rapport social, comme l'expert, tout en gardant en tête notre objectif et nous offrons donc à notre partenaire un statut de suiveur.

Il y a même en PNL un outil qui s'appelle la substitution. Le principe est de faire parler une personne reconnue, que ce soit un spécialiste, un coach ou n'importe quelle personne que notre partenaire peut prendre comme valeur de référence et au travers de ses mots faire confirmer notre pensée, notre direction.

Il y a de fortes chances que notre partenaire suive car ce que nous faisons dire au référent n'est en faites que notre idée.

**La rareté** : nous sommes des animaux qui souhaitons thésauriser. Nous souhaitons avoir et garder si possible le plus possible. En effet c'est un vecteur de survie. Si nous parvenons à prouver, ou à faire croire que ce que nous proposons est rare, nous mettons une valeur sur ce que nous proposons.

En PNL nous pouvons donc facilement jouer sur la rareté de nos propositions ou plus simplement sur les délais de décision.

Si nous avons un objectif en tête limité dans le temps, nous pouvons appuyer nos arguments simplement en exprimant le fait que d'ici peu de temps l'offre ne sera plus possible.

Il y a encore plus simple, il suffit de faire croire qu'un concurrent, qu'une autre personne va prendre les derniers éléments que vous proposez. C'est-à-dire que l'autre se retrouvera sans rien. Votre idée ou votre produit devenant à ses yeux, rare il devient donc nécessaire.

Voici les éléments mis en avant par cet excellent auteur. Comme je vous l'ai fait constater, nous pouvons facilement les lier à la PNL. Aujourd'hui, il y a plusieurs outils très classiques de la PNL que la plupart des commerciaux connaissent.

**Le pied dans la porte** : ce principe est très simple il suffit de faire une demande minime avant de demander une chose de valeur plus importante. Pour faire simple lors d'une approche d'un groupe, il va être plus simple de venir et de leur demander, ou une cigarette puis d'introduire notre identité ou ce que nous avons en tête.

Il est d'ailleurs prouvé que si vous avez besoin d'un euro ou d'un ticket de métro, si allez voir une personne dans la rue et lui demander directement un euro rapporte moins de réussite que de leur demander un ticket ou de l'argent.

**La porte au nez :** ce principe est simple, c'est l'inverse de ce que nous venons de voir. En effet, nous allons demander une chose excessive avant de demander ce que nous avons réellement en tête. Par exemple si vous souhaitez obtenir cinq euros et que votre partenaire se culpabilise de son refus, il vous consentira plus facilement les quelques euros que vous demandez.

**<u>Le pied dans la bouche</u>** : le principe reprend le levier de la sympathie. On va faire parler son interlocuteur pour qu'il puisse se sentir écouté, et même plus pour répondre à un besoin primitif de parler de soi.

Avec quelques mots, vous vous mettez dans le pace, et en laissant la sensation de lead au partenaire vous offrez une porte qui s'ouvre pour votre demande. Il faut juste trouver le bon moment pour reprendre le lead.

Dans ce chapitre vous avez désormais quelques techniques qui peuvent vraiment vous être utiles au quotidien avec votre PNL et s'avérer très efficaces.

# Conclusion

Une fois ces techniques assimilées avec les autres, à chaque fois que vous irez au restaurant vous jouerez avec la mise en rapport, dans toutes les rencontres vous pourrez observer les VAKOG, dès lors, vous avez de fortes chances de vouloir étudier d'autres choses.
La suite du chemin, se trouve dans le travail personnel. Ce que je nomme la PNL Auto-coaching. Vous y découvrirez qu'en plus d'obtenir un résultat positif dans l'objectif fixé avec les autres, vous atteindrez vos changements intérieurs.
Prenez le temps et le plaisir de pratiquer.

Complétez toujours vos connaissances et ouvrez-vous à de nouvelles voies.

Prenez soin de vous
Be One

Pank ( Novembre 2014)

# Qui est HnO Hypnose ?

HnO Hypnose est une association de pratiquants et de praticiens en Hypnose à tendance Elmanienne, Hypnosophie, Hypnose Fusion et Thérapies Durables.

Notre but est de rechercher, développer, pratiquer et diffuser sur ces sujets. Pour ce faire, nous utilisons plusieurs leviers : des formations, des cabinets ouverts, de l'Hypnose Urbaine, des livres, des audios, des live Facebook, des Podcasts...

Nous organisons des formations en Hypnose Classique Curative, Hypnosophie et Psycho-Pratique Intégrative ainsi que des ateliers en thérapie durable.

L'Hypnosophie est une discipline de synthèse et intégrative. L'hypnose est un vaste monde avec des écoles, des styles et des tendances. Plus qu'un style, nous souhaitons intégrer, sur les bases communes de l'hypnose, une ouverture globale.

Nous organisons des cabinets ouverts, dans le but de faire découvrir l'aspect curatif au plus grand nombre.

Toutes les semaines nous organisons des sorties Hypnose Urbaine ou des Hypno-papotages. Nous y invitons des praticiens mais aussi des amateurs. Le but étant de faire connaître, dans un autre contexte que le soin, ce qu'est l'Hypnose. Cette expérience humaine est extraordinaire. Nous pouvons dissiper les à priori et faire vivre des expériences agréables aux passants. Vous pouvez trouver plus d'informations sur ce que nous mettons en place sur : www.hno-hypnose.com

Nous avons mis en place un site de Mp3 d'Hypnose pour faire vivre des micros séances. Vous trouverez des informations sur : www.hno-mp3-hypnose.com

Si vous souhaitez nous rencontrer, échanger, partager, n'hésitez pas à nous contacter :

Mail : hype.ose@gmail.com

YouTube / Twitter / Facebook : Hype-N-Ose

# Aller plus loin avec HnO Hypnose

**Site Hypnose Fusion :**

J'ai fait un site qui regroupe désormais l'ensemble des thèmes que j'aborde régulièrement.

- Hypnose et Magnétisme
- Hypnose et rupture amoureuse
- Hypnose et Enfants
- Hypnosophie
- Crosstherapy
- Hypnose et Sexualité
- Hypnose et Sommeil
- Hypnose Urbaine
- Coaching et SmartBrain Process
- Hypnose et Grossesse
- Hypnose et Manipulation
- Hypnose et Arrêt du Tabac
- Hypnose et Anneau Gastrique Virtuel (Système BAGH)

N'hésitez pas à l'utiliser le plus possible, je vais le faire évoluer et répondrai à vos questions.
https://hypnosefusion.com/

**Programme d'hypnose disponible gratuitement :**

*Programme pour se donner de la Bienveillance (21 Jours)*
https://hypnosefusion.com/hypnose-et-bienveillance/

*Programme Mincir et Prendre soin de soi (21 Jours)*
https://hypnosefusion.com/systeme-bagh-programme-mincir-et-prendre-soin-de-soi-5min-jour-sur-21-jours/

*Programme Arrêter de Fumer Gratuitement (21 Jours)*
https://hypnosefusion.com/hypnose-et-arret-du-tabac/

*Programme Anneau Gastrique Hypnotique Gratuit (21 Jours)*
https://hypnosefusion.com/hypnose-et-anneau-gastrique-virtuel-systeme-bagh/

*Programme Loi d'Attraction (21 Jours)*
https://transeattraction.wordpress.com/

*Programme Sommeil (7 Jours)*
https://hypnosefusion.com/hypnose-et-sommeil/

*Programme Hypnogrossesse (21 Jours)*
https://hypnosefusion.com/hypnose-et-grossesse/

*Programme Smartbrain Process (120 Jours)*
https://hypnosefusion.com/coaching-et-smartbrain-process/

**Boite à Outils :**
Je vous ai mis en ligne une petite boite à outils sur le site : https://hno-hypnose.com/boites-a-outils-et-partages/

www.ingramcontent.com/pod-product-compliance
Lightning Source LLC
Chambersburg PA
CBHW070607290526
45790CB00002B/815